Fábulas em Verso

Juan Moisés de la Serna

Traduzido por Claudionor Ritondale

Editorial Tektime

2019

"Fábulas em verso"

Escrito por Juan Moisés de la Serna

Traduzido por Claudionor Ritondale

1ª edição: fevereiro de 2019

© Juan Moisés de la Serna, 2019

© Edições Tektime, 2019

Distribuído por Tektime

(https://www. traduzionelibri.it

PRÓLOGO

Uma sardinha nadando

tranquilinha hoje estava

um polvo que a olhou

rápido dela se acercava.

– Aonde você vai sardinhazinha?

– o polvo lhe perguntou.

Ela, que era muito esperta

mais que depressa dali escapou.

O polvo que tinha visto

que a outra se lhe escapava

dá meia volta ao redor da pedra

e outra vez a encontrava.

AMOR

Juan Moisés de la Serna

Dedicado a meus pais

Índice

Fábulas em verso

1. A SARDINHA E O POLVO

Uma sardinha nadando

tranquilinha hoje estava

um polvo que a olhou

rápido dela se acercava.

– Aonde você vai sardinhazinha?

– o polvo lhe perguntou.

Ela, que era muito esperta

mais que depressa dali escapou.

O polvo que tinha visto

que a outra se lhe escapava

dá meia volta ao redor da rocha

e outra vez a encontrava.

– Bom dia, eu lhe disse

– muito sério ele o dizia.

Ela não fez caso dele

embora ela o ouvia.

Continua nadando depressa

a sardinha não queria

falar hoje com esse polvo

porque já o conhecia.

Sabe que é muito pesado

e gosta de irritar

a todos que passam por lá

e não os deixa nadar.

O polvo já resignado

na rocha parou

muito triste, prostrado,

e ali ele repousou.

O polvo não tem amigos,

pois gosta de irritar

falando a todos que passam

e não os deixando nadar.

É por isso que sardinhazinha

não queria parar

ela gosta muito

de nadar no alto-mar.

E não parar para falar

e, assim, o tempo desperdiçar

por isso ali deixou

aquele polvo a repousar.

AMOR

2. A JOVEM E O SOL

Dizem que antigamente

havia por estas terras daqui

uma jovem que vivia sozinha

e que gostava de rir.

Pela manhã, bem cedo,

ela na praia se encontrava

com cuidado com a mão

a areiazinha tocava.

O sol pouco a pouco

pelo mar está vindo

a jovem ali sentada

olhando está rindo.

Quando estava mais sossegada

um dia algo aconteceu

e ela ouviu: – Por que está rindo?

– foi o que a jovem percebeu.

Olhando por toda parte

a jovem nada via

o sol tinha aparecido

começava o novo dia.

Jovem continua a olhar

pois queria conhecer

a quem tinha ouvido

mas não o pode ver.

– Quem está escondido aí?

– baixinho perguntou.

Ninguém lhe respondeu

e ela se entediou.

Ela parou de rir.

isso nunca tinha acontecido

e em seguida escuta

– Eu falei, eu é que tinha sido.

Olha novamente e vê

que quem está coisas dizendo

é o sol que se aproximava

o que estava respondendo.

– Mas o que você diz agora?

– a jovem perguntou a ele.

O sol lhe diz:– Pequena,

eu lhe falava, eu era aquele .

– Por que você não disse antes

quem era e só agora fala para mim?

– perguntou-lhe a jovem.

E o sol lhe diz assim.

– Você estava rindo antes

disso eu realmente gostei

mas agora você está muito séria

por isso eu lhe falei.

E rindo-se a jovem

de novo para o sol dizia

– Venha cá e me aqueça

como você sempre fazia.

– Aqueço-a um pouquinho

mas continue rindo

– disse-lhe o solzinho

e continuou fugindo.

– Espere – disse a jovem –

diga-me por onde vai caminhar

não me deixa aqui sozinha

agora que que você pode falar.

»Todos os dias eu venho

e você comigo nunca falou

– Ela falava rindo

e o sol a ela retrucou.

– Continue vindo à praia

que isso nunca perderei

Você ri, eu gosto disso

E eu a esquentarei.

A jovem lá na praia

na areia sentadinha

viu o sol caminhando

e, apesar disso, mostrava peninha.

Começou a rir muito alto

para o sol a ouvisse

assim ele viria amanhã

para que ela o visse.

O riso daquela jovem

Você pode repetir

ria um pouquinho e verá

que bem você vai sentir.

AMOR

3. O ELEFANTE E A SEREIA

Em uma praia de Malta

um elefante estava

ali olhando para a água

e uma sereia se encontrava.

– Eu não sabia que elas existiam.

– ele logo pronunciou.

Ela, que o tinha escutado,

Muito assustada ficou.

Olhando para sereiazinha

o elefante estava

ali metida na água

e a cabeça levantava.

– Criatura, saia logo daí

você vai se resfriar.

– disse-lhe o elefante.

E ela pôs-se a replicar.

– Eu nunca me resfrio

a água não está fria

se visse a dos polos

você nela não entraria.

– Mas o que você está dizendo?

nem aqui eu entrarei

com estas pedras tão grandes

certamente eu cairei.

– Mas que chorão você é

– a sereiazinha dizia –

tanto faz se as pedras são grandes

e se a água está fria.

»Com o quão grande que você é

vergonha tem que lhe dar

ser um covardão assim

Que não quer se banhar.

O elefante irritado

com a tromba aspirou

água e, em seguida, com força

a sereia molhou.

Ela rindo contente

do chuveiro bem desfrutado

nunca em toda a sua vida

algo assim tinha experimentado.

– Mais, mais – diz embevecida.

O elefante estranhou

parou para olhá-la

e então lhe perguntou.

– Mas se eu jogo água em você

Por que você não se incomodou?

pois no tanto que está fria

certamente a congelou.

– Mas que exagero

– a sereiazinha dizia

vê-se que você não experimentou

nunca a água mais fria.

»Aqui em Malta a água

aquecida sempre vai estar

por isso venho todos os dias

a esta praia para nadar.

– Bem, esperarei por você aqui.

E venha depois de nadar

ficar nesta rocha parado

e também banhos de sol tomar.

AMOR

4. A ÁRVORE E OS PÁSSAROS

Em uma árvore muito frondosa

muitos pássaros viviam

mas um dia ventoso

a árvore se partiria.

Os pássaros acudiram

voando alegremente

com seu pios e folguedos

incomodando toda a gente.

Lá têm a sua casinha

vêm até ela para dormir

e quando a noite acabar

todos de lá vão sair.

Agora há um problema

Mas onde dormirão?

a árvore está no solo

ali ficar não poderão.

Fábulas em verso

Um pássaro pequenino
à sua mãe perguntaria
– E agora sem casinha
Onde à noite ele ficaria.

Pensou um pouquinho nisso.
e a mamãe lhe diria
– Venha comigo voando
– e outra árvore logo se via.

Dali se aproximaram
muitas folhas ela possuía
então perguntaram
Se ficar ali eles podiam.

A árvore respondeu-lhes
– Terei prazer de abrigar
Aqui, sim, a vocês
Mas vocês têm que cantar.

E todos, todos os dias
naquela árvore dormiam
aqueles passarinhos
mas o acordo eles mantinham.

De cantar lindas canções

de que a árvore gostava

e em seus aramos se punham

e ela os aconchegava.

Com suas folhas cobria-os

assim, o ar não lhes molestava

E quando já era dia

a árvore os despertava.

Movia-se lentamente

e baixinho lhes dizia

– Já é dia, passarinhos

– E logo eles a ouviam.

Todos saíam voando

mas à árvore diziam:

– Esta tarde voltaremos.

quando se acabar o dia.

E muitos anos viveram

e a árvore se lembrou

daquele dia tão distante

quando ficar ali os deixou.

Toda a vida feliz

com canções e alegria

levou sempre a árvore

quando acabava o dia.

Porque eles muito alegres

vinham para cantar

lindas canções para a árvore,

que delas sempre ia gostar.

AMOR

5. O GATINHO MALTÊS

Um gatinho muito devagar

uma manhã passeava

olhando para todos os lados

mas nada encontrava.

Parece que ele se perdeu

o lugar ele não conhecia

por mais que se esforçasse

"Não conheço", a si mesmo dizia.

Alguém que o ouviu

em seguida perguntou

– Gatinho, você se perdeu?

– E bem depressa ele olhou.

– Quem é você? – o gatinho

assustado perguntou

pois não via ninguém

nem quem com ele falou.

De repente, sem esperar por ele
de seu esconderijo assomou
um cão que era enorme
e ao gatinho assustou.

– Amigo – diz- lhe o cão –
estou aqui para ajudar
diga-me qual é o seu problema
vou a solução encontrar.

O gatinho com o susto
não conseguia nem falar
e o cão com impaciência
pôs-se a desabafar.

– Gatinho – diz-lhe o cão –
seu amigo eu quero ser
mas, se você não falar comigo,
não sei o que vamos fazer.

O gatinho lentamente
pôs-se então a falar
e disse – Puxa, cachorrinho,
Gostaria de me ajudar?

– Diga-me – diz-lhe o cão –
o seu problema eu não sei
primeiro, conte-me tudo
e então eu o ajudarei.

– Em um barco eu viajava
e eu não sei o que aconteceu
de repente um monte de ruas
foi o que me apareceu.

O cão inteligente
logo percebeu
o problema do gatinho
e então ele o resolveu.

– Venha comigo agora
e o seu barco eu procurarei
e, quando você me disser 'é este',
até ele eu o conduzirei.

Rápido até chegarem ao mar
ambos tinham saído
ali perto das rochas
veem o barco destruído.

A tempestade da noite

até a terra o tinha arrastado

ninguém se via em nenhum lugar

só o mar era escutado.

O cão diz ao gato

– Seu barco eu já encontrei

Mas, como não há ninguém nele,

a partir de hoje de você eu cuidarei.

»Venha comigo para a minha casa

E de comer eu lhe darei

Eu vou ensinar-lhe muitas coisas

E nunca o deixarei.

Desde então, em Malta

pelas ruas vistos serão

os filhos desse gato

eles muito felizes estão.

AMOR

6. A BORBOLETA TRAVESSA

Voando sobre uma flor

una borboleta estava

chegava devagarinho

e depois se afastava.

A flor está olhando para ela

e ela não entendia

por que aquela borboleta

fazia isso e assim dizia.

– Borboleta, que ocorre?

a outra a escutou

mas olhou de lado

e não viu quem lhe falou.

A flor pergunta outra vez

Pois ninguém escutou

– Por que não me respondeu?

– E novamente esperou.

A borboleta diz

a quem lhe falou

– Diga-me onde se escondeu

que ela só a escutou.

– Escondida você está dizendo?

Mas eu nem me mexi

aqui estou, e estou vendo você

desde que veio até aqui.

A borboleta, então,

para a flor olhou

e disse: – oh, que bonita!

porque nem a notou.

– Que é bonita?

– a flor lhe perguntou –

bonita é a sua cor

essa com a qual você se pintou.

– Mas o que você está dizendo?

isto eu nunca faria

nasci com esta cor

sou assim todos os dias.

– Bem, eu gosto dela, assim diz

a borboleta do lado de fora

e voando sobre ela

de lá ela foi embora.

AMOR

7. FORMIGAS NA COZINHA

Uma manhã bem cedo

a dona ali entrou

o café da manhã prepara

e as formigas ela avistou.

– O que é isso? – perguntou

e muito irritada ficou

vocês estão por todos os lados

e a gritar começou.

– Saiam, esta é a minha casa

aqui vocês não podem ficar

Se não saírem rapidamente

a todas vou matar.

As formiguinhas a escutam

e não sabem o que fazer

uma grita às outras

– Vamos sair daqui de uma vez.

Todas saem pela porta
para a rua isso iam fazendo
mas quando estavam saindo
veem que lá estava chovendo.

Meia-volta estavam dando
pois de água não gostavam
pelo corredor correndo
e até o banheiro chegavam.

Lá elas se esconderam
todas caladas estavam
se não fizessem nenhum ruído
a salvo se encontravam.

Mas alguém chegou
e começa um banho a tomar
e a água cai com força
e as começa a molhar.

Não sabem mais o que fazer.
uma mais confiada
começou a correr
às demais ela animava.

No quarto entraram

embaixo da cama escondidas

ali ninguém as incomoda

e assim salvam suas vidas.

Passam muito tempo lá

parou de chover

o sol sai pela janela

e elas decidem se mover.

Uma fileira silenciosa

Sai daquele lugar

as formiguinhas a salvo

vão ao campo para descansar.

Onde ninguém ralhe com elas

nem as arranque do lugar

onde possam estar bem

e tranquilas trabalhar.

E quando encontrarem comida

todas a carregarão

em fileira ao formigueiro

e muito felizes serão.

8. O ELEFANTE SALTITANTE

Saltando um elefante

por um parque se encontrava

viu ali uma tartaruga

e dela rápido se aproximava.

– Olá, tartaruga bonita

– o elefante dizia.

Ela estava dormindo.

e nada lhe respondia.

De novo ele a cumprimenta

e muito estranho lhe pareceu

vê-la tão quietinha

e ela que não lhe respondeu.

– Tartaruga, você me ouviu?

– o elefante dizia.

Tão forte foi o som

que dormir já não conseguia.

– Sim, eu ouvi você

– a tartaruga está brandindo.

– Por que não respondeu?

– Porque eu estava dormindo.

E por um tempo os dois

ficaram ali a conversar

quando chegou um gato

e pôs-se logo a perguntar.

– Oh, elefante, gostaria

de uma mãozinha me dar?

– E eu? – questiona a outra.

– Não – ele saiu a replicar.

– Por que ele sim e eu não?

– a tartaruga dizia.

– Porque você é muito lenta

E eu tarde chegaria.

E a tartaruga irritada

permaneceu dormindo

o gato e o elefante

depressa foram saindo.

Um pássaro que tinha

subido a um galhinho

pôs-se a cantar

enfiado em seu ninho.

A tartaruga o escuta

e imediatamente devolveu:

– Por que canta, passarinho?

Ele assim lhe respondeu.

– Como eu a vi sozinha

e triste você me parecia

com minha canção alegrá-la

era o que eu pretendia.

A tartaruguinha olha-o

e obrigado está lhe dando

enfia-se em sua casinha

onde ainda está descansando.

E assim os dois amigos

o pássaro com a tartaruga ficará

a tartaruga dormiu

e o pássaro a boca calará.

9. AS POMBAS

Voando continuamente

as pombas se encontravam

estão procurando uma fonte

pois de água precisavam.

Voam, voam, elas não param

nada fazem além de voar

água em nenhum ponto

elas não vão encontrar.

Desesperadas parece

que água não há como encontrar

faz tempo que não chove

e tudo está a secar.

Não há fonte com água

em nenhum lugar

as pombas estão sedentas

nada as pode acalmar.

Nervosas estão voando
ao rio devem chegar
aproximam-se com cuidado
para a sede aliviar.

Mas o rio traiçoeiro
esperando por elas estava
arrastou as pombas
quando a sede saciavam.

A corrente as leva embora
as asas tinham encharcado
voar desse jeito não podem
e a água as tinha pegado.

Um tronco ali cruzado
Que a água estava arrastando
serviu para que as pombas
conseguissem ir se salvando.

As pombas a terra
com esforço atingiram
ali ao sol se secaram
e a voar prosseguiram.

Cuidado a partir daquele dia

as pombinhas terão

ao ver a água do rio

com cuidado se aproximarão.

AMOR

10. DUAS TARTARUGAS COM CALOR

– Que calor está fazendo hoje!

– uma à outra dizia.

– Nunca vi um dia como este

– a outra lhe respondia.

Paradas em uma sombra

As duas estão descansando

Pois com o sol que hoje está fazendo

elas não conseguem continuar andando.

As duas tartarugas se olham

e passam a rir, o que lhes apetece

– Como você sua – uma dizia.

– O mesmo com você acontece.

Foi assim que elas romperam

o tédio que enfrentaram

pois o sol aqueceu seu casco

e por isso elas pararam.

– Hoje certamente daqui não saímos

– uma à outra falava.

– Eu daqui não me mexo

– E a cabeça no casco enfiava.

– Espere, não durma ainda

que a hora não tinha chegado

parecia que ainda era cedo

nem o café da manhã ela havia tomado

– Olhe, isso não me importa.

E não aguento mais.

o calor que eu estou sentindo

não o desejaria jamais.

– E você acha que sua casinha

mais fresquinha vai estar?

– uma à outra dizia.

a outra se põe a retrucar.

– Pelo menos lá dentro

o sol não vai me incomodar

E certamente vou dormir

E eu poderei descansar.

– Se acha isso, tente

– a outra assim dizia –

mas não tenho certeza

– e logo se calaria.

A tartaruguinha pequena

para dentro de sua casa sumiu

ficou lá só um pouquinho

E depois de lá saiu.

– Que calor faz lá dentro!

– à amiga ela contava.

– Viu?, eu tinha avisado

mas você não acreditava.

E andando lentamente

foram embora dali

encontraram uma sombra

e uma para a outro disse isto aqui.

– Essa sombrinha é boa

e podemos descansar

e assim à nossa casa

o sol não mais vai incomodar.

Ambas ficaram em silêncio
na sombra estavam
de repente uma coisa
às duas despertava.

A sombra tinha se movido
e isso as acordou
porque tinha feito um barulho
e isso muito as assustou.

Era um grande elefante
que do sono despertou
e como não tivesse mais sono
de repente se levantou.

As duas tartaruguinhas olham
a sombra a caminhar
e muito surpresas que estavam
tiveram que ao sol voltar.

– Espere! – estão gritando.
Sim, a sombra elas chamavam
ela continuava andando
e nada lhes retrucava.

O calor que as incomodava

não podiam suportar

enfiaram-se em sua casa

e tentaram, então, se deitar.

– Até à noite – dizia

uma a outra ali.

Quando o sol for embora

nós voltaremos a sair.

Se quiser fazer o mesmo

e calor não sentirá

tome cuidado com o sol

que ele a queimará.

AMOR

11 . A OVELINHA PERDIDA

Andando já muito nervosa
uma ovelhinha estava
não sabia para onde ir
perdida se encontrava.

Com as outras saiu
como todos os dias fazia
mas hoje se perdeu
só agora o percebia.

Ela começou a andar.
pelos penhascos ela subia
não olhava para trás
e o lugar não conhecia.

Muito tempo caminhando
a ovelhinha já estava
quando parou um pouquinho
para ver onde se achava.

Olhando para todos os lados

nada dali conhecia

pôs-se, então, a balir

mas ninguém ali a ouvia.

Muito cansada ela estava

resolveu, então, se deitar

não sabia onde ela estava

tampouco o perigo em lá estar.

Dormindo profundamente

nem um minuto se passou

quando ouve de repente

um barulho que a assustou.

O perigo à espreita

e não sabe o que fazer

um lobo ouve à distância

e começa a correr.

A ovelhinha bale e bale

E ele continua a balir

ele chama seu dono

que a precisa ouvir.

O pastor quando a escuta

o cão vai enviar

para que traga a ovelha

ao curral para se salvar.

O cão corre que corre

finalmente chega ao lugar

como uma fera a defende

e ao lobo consegue assustar.

Ele vai embora apavorado

por aquilo não esperava

até uma pata ferida

aquele ao lobo deixava.

O cão dá meia-volta

à ovelha dirá

– Venha para casa comigo

você ficará bem lá.

A ovelhinha assustada

pôs-se a desabalar

protegida pelo cão

à casa queria voltar.

A partir daquele dia

a ovelha não mais se perdeu

do lobo não se esquece

um grande susto ele lhe deu.

E diz às outras

– Não vão para aquele lugar

pois há um lobo muito mau

que nos quer matar.

E o cão todos os dias

o rebanho vigiava

e assim, dessa maneira,

nenhuma se lhe escapava.

AMOR

12. A FORMIGUINHA CURIOSA

Passeando uma formiguinha

um dia se encontrava

quando ali à distância

algo viu e se aproximava.

Era uma borboleta

que no chão estava

chocou-se com um galho

e uma asa foi danificada.

A formiguinha que a vê

Eu seguida lhe dizia

– Precisa da minha ajuda?

– E tocá-la pretendia.

A borboleta assustada

– Não – logo respondeu. –

Não me toque que dói

muito mal estou eu.

– Mas o que você diz, amiga?

– a formiguinha lhe dizia. –

Foi só um choquinho.

– E para a asa olharia.

– Claro, como não foi com você,

acha que não me dói nada

veja, quase ficou partida

– E lhe mostrava a asa.

– Sim, está um pouquinho quebrada

– a formiguinha lhe dizia. –

Se eu puder ajudá-la, você pode

voar, ela assim pensaria.

– Mas o que você está me dizendo?

nunca mais vou poder isso fazer

com minha asinha doendo

não consigo nem me mexer.

A formiguinha pensando

um pouquinho ficou, então

e disse à amiga

– Encontrei a solução.

– Mas do que você está falando?

– a borboleta dizia.

– Que você voltará a voar

Com certeza algum dia.

Rindo a borboleta

de graça se encontrava

– Assim você está mais bonita

– a formiga lhe assegurava.

– Acho que você tem razão

– a borboleta dizia. –

Vou ficar quietinha

e isso vai se curar um dia.

Ali, pousada no chão

a borboletinha estava

e sua amiga a formiguinha

com ela, que a acompanhava.

Alguns dias se passaram

e a asinha se curou

tudo se resolveu

e, finalmente, ela voou.

– Obrigado, ela diz à amiga

porque você não me deixou

obrigado por sua companhia

sua amizade me ajudou.

AMOR

13. NO FUNDO DO MAR

Um polvo e uma sereia

um dia se encontraram

– Olá – disse o polvo

e quase os dois se chocaram.

– Aonde você vai tão depressa?

– a sereiazinha perguntava.

– Está na hora de comer

– era o que o polvo retrucava.

– E o que vai comer hoje?

– de novo lhe perguntava.

O polvo fica sério

e muito para ela olhava.

– Nem pense nisso! – a sereia

muito séria concluiu.

– Vá, é só um pouquinho

– Ele assim a ele pediu.

– Não, não e não

– A sereiazinha dizia –,

eu não caio nessa

– E dali logo sairia.

O polvo permaneceu

en uma rocha entocado

esperando a comida

mas em algo tinha pensado.

"Eu vou ficar quietinho

assim alguém pertinho cairá

quando for ver se estou dormindo

e zás, em minha boca entrará.

Com as patas muito rápido

Certamente o pegarei

E mesmo se quiser fugir

Eu com força o deterei".

Estava assim pensando

quando alguém se aproximou

ficou ali mesmo pronto

e bem quietinho ele ficou.

O olho tinha fechado

mas nada ali escutou

abriu-o um pouquinho

e um susto ele levou.

Um grande golfinho, bem grande

ao lado dele estava

amigo da sereia

ao polvo informava.

– Afaste -se dessas rochas

aqui você não pode ficar

e vá para longe, bem longe

de qualquer ponto deste lugar.

– Por quê? – pergunta o polvo.

– Aqui você não vai comer

eu vou cuidar já disso.

– E muito sério você vai ver.

O polvo diz: – Brincadeirinha

eu não a queria morder.

– Bem, ela acreditou em você.

sabe o que você pode fazer.

E o polvo foi procurar

um lugar para viver

longe daquelas rochas

aonde o golfinho não pode ter.

AMOR

14. O ELEFANTE E A PANTERA

Passeando um elefante

um grito escutou

como era muito curioso

dali logo se aproximou.

Mas também é prudente

e de longe ele viu

uma pantera no chão

e não avançar decidiu.

A pantera que o tinha visto

logo foi dizendo

– Chegue perto e me ajude

– E ele logo foi respondendo.

– Amiga, bem que eu gostaria

mas tenho que pensar

porque você é muito feroz

e sei que me pode matar.

A pantera naquele instante

rir era o que fazia

– Atacar, se estou assim

se eu quisesse, não poderia.

O prudente elefante

de novo, então lhe dizia

– Por que está no chão?

– E ela lhe respondia.

–   Uma pata está quebrada

e eu não posso andar

e, apesar de eu ter tentado,

não posso me levantar.

Pensativo o elefante

um pouquinho ficou

pergunta à pantera

o que, afinal, se passou.

– Eu caí de uma árvore

pois pretendia saltar

e o galho se quebrou

e aqui eu vim parar.

O elefante então

um pouco se aproximou

a pantera quando o viu

com as garras o ameaçou.

– Nem pense nisso – gritou com ele.

– você não me pode tocar

deixe-me deste lado

que é melhor do que andar.

Mas já o elefante

com a tromba a pegou

colocou-a no seu lombo

e a caminhada continuou.

Ele rapidamente dirigiu-se

a um lugar habitado ele iria

a tartaruga que era sábia

remédios lhe aplicaria.

A pantera bem surpresa

não podia acreditar

que todos a estavam ajudando

e pôs a perguntar.

– Por que está me ajudando?

se antes a mim você temia.

o elefante por seu lado

deste modo respondia.

– Bem, a dor em sua cara

logo me mostraria

que, por não poder se mover,

você não me atacaria.

A pantera agradecida

nunca mais atacou

a ninguém ali do pedaço

e amigos conquistou.

E assim todos amigos

sempre viveram em paz

a pantera, o elefante

e também com os demais.

AMOR

15. A JOANINHA E A ROSA

Voando uma manhã

da rosa se aproximava

una joaninha pequena

e a rosa com ela gritava.

– Nem pense em aqui pousar.

A pequena a escutou

mas, como não ouvia bem,

na rosa ela pousou.

– O que disse? – fez a pergunta.

E a rosa se irritou

começou a se mover

e quase de lá a jogou.

– O que você está fazendo? –

surpresa para a rosa perguntou.

Ela logo se deteve

e então assim falou.

– Quando você vinha voando

algo eu lhe dizia

para que você aqui não pousasse

e você nem caso disso fazia.

A joaninha ouviu

o que a rosa dizia

e logo a ela respondeu

– Mas eu não a ouvia.

A rosa pensa um pouco

e de repente para ela apontou

– Deite-se e descanse.

e a outra para ela olhou.

Com os olhos bem aberto

a joaninha observou

que a rosa estava muito quieta

e baixinho lhe perguntou.

– Antes quase me tirou daqui

e eu não lhe havia tinha feito nada

e agora por que você quer

que eu fique aqui parada?

– Olhe – diz-lhe a rosa,

é que não posso mais aguentar

sempre que vêm voando

aqui elas vão pousar.

»as moscas e as abelhas

eles estão sempre por aqui

não ouvem as minhas queixas

nem me deixam dormir.

A joaninha pensa assim

e diz: – Sim, você tem razão

vou procurar outro canto

não tenha essa preocupação.

A joaninha compreende

o que a rosa dizia

e lhe diz: – Já estou indo

e talvez eu volte um dia.

»Mas pelo que eu percebi

de todas que aqui pararam

você era a mais bonita

e de você todos gostaram.

A rosa que a ouvia

de imediato concluía

– Não vá embora, amiga

e pode, sim, retornar outro dia.

Mas aquela joaninha

muito longe já estava

E a rosa ficou pensando

naquilo que lhe falara.

A rosa ficou sozinha

assim, pôde descansar

sem ninguém a incomodá-la

mas assim pouco vai ficar.

Um mosquito que ali passava

voando por aquele lugar

ao ver a rosa logo para

um pouco para descansar.

A rosa que olhou para ele

quietinha logo ficou

não achou bom protestar

porque ele ali pousou.

Isso acontece com a rosa

nunca sozinha está ela

talvez porque seja linda

e todos gostam dela.

Porque tem um perfume

que quando passam voando

eles sentem e disso gostam

e todos ali acabam parando.

AMOR

16. ESPERANDO O AVIÃO

Nervos por todos os lados

no aeroporto se vê

o avião está atrasado

dizem e é no que se crê.

Os viajantes não sabem

que ele não vai pousar

e o céu está furioso

a tempestade vai começar.

O avião que vinha

meia-volta está dando

aterrissar não poderia

e agora está se afastando.

Os pequeninos a bordo

de uma excursão estavam vindo

ninguém poderia supor

o tempo assim se definindo.

Fábulas em verso

À praia eles tinham ido
ninguém a conhecia
e agora todos voltavam
depois de apreciar o dia.

As corridas e risadas
que na praia tinham dado
logo veio a agitação
tão depressa tudo tinha passado.

Pela manhã, bem cedo
Em fila foram andando
depois no avião
a paisagem, contemplando.

Mas a coisa mais surpreendente
foi quando viram o mar
– Água, água – eles gritavam.
Não conseguiam se acalmar.

Há meses esperavam
subir no avião
ir à praia naquele dia
a tão desejada excursão.

Mas agora a tempestade

Tudo estragará

esse dia às crianças

em risco as colocará.

Mas sempre inesperado

Talvez algo vá passar

o avião aterrissou

distante em outro lugar.

De ônibus trouxeram

a todos da excursão

isso foi divertido

desfrutaram de montão.

E aquele dia diferente

ninguém esquecerá

subiram no avião

e conheceram o mar.

E então uma tempestade

desviou-os do lugar

e, finalmente, de ônibus

voltaram para seu lar.

17 . A BORBOLETA SONHADORA

Em uma árvore grande vivia

e muito ali brincava

quando começava o dia

e até quando a noite chegava.

Mas ao ver as estrelas

bem quietinha olhava

à distância com espanto

a borboleta pensava.

Que um dia ela voando

até o céu subiria

e quando lá estivesse

às estrelas falaria.

Perguntaria muitas coisas.

que ela queria saber

contaria para elas as suas

era o que gostaria de fazer.

Sonhava a borboleta

que voando tinha chegado

a uma distante estrela

e nela se tinha parado.

Ali pousou as patinhas

na estrelinha brilhante

e parou suas asinha

descansando por um instante.

A borboleta sonhava

nunca para de sonhar

com essa estrela brilhante

que gostava de admirar.

Aquela estrelinha do céu

que é a que brilha mais

a amiga que ela quer

um dia poder visitar.

Uma manhã bem cedo

quando o sol ainda não saiu

a borboletinha foi embora

voando ela subiu.

Foi muito, muito tempo

não parou de voar

percorreu o espaço

até à estrela chegar.

Pousou bem devagarinho

não a queria perturbar

a estrela olhou para ela

e logo pôs-se a perguntar.

– Quem é você? Por que aqui veio?

– surpresa ela ficou

Mas ela ti8nha dormido

de tão cansada quando chegou.

A estrelinha que a viu

começou a mover

dessa forma a rocha

uma, outra e outra vez.

A borboleta quieta

dormindo ali ficou

já não tinha mais força

porque o céu atravessou.

Dormindo a borboleta

com a estrela sonhou

pensava que estava lá

e então ela acordou.

Como se sentiu feliz!

pois dela ela gostava

tendo subido na estrela

aquela que muito brilhava.

A estrelinha no céu

prosseguia seu movimento

gostaria de vê-la dormindo

depois daquele evento.

As duas já são muito amigas

e à noite o que vamos ver

é a borboleta contemplando

e depois a adormecer.

AMOR

18. A SEREIAZINHA DO PORTO

Nadando tranquilamente

una sereiazinha um dia

chegou a um lugar

onde algumas luzes havia.

Como era muito curiosa

mais e mais se aproximou

se encontrava em um porto

e foi lá que ela parou.

Olhando para todos os lados

a sereiazinha estava

muito estranho era tudo

o que ali se falava!

Por um tempo ali ficou

parada observando

quando soou enorme ruído

e a acabou assustando.

Foi até o fundo

para ali ela fugir

não ouviu mais o barulho

e voltou a emergir.

Pondo a cabecinha para fora

ela logo percebeu

quem tinha feito o barulho

que quase a estremeceu.

Era um barco enorme

Que ela antes tinha observado

muito bonito e bem grande

tinha ali no porto parado.

Mas agora ele se movimentava

e quase a arrastou

a água que parecia

redemoinhos a apanhou.

A sereiazinha assustada

não sabia o que fazer

queria ir embora dali

mas nada de assim proceder.

Sabe que está em perigo.

e não o pode evitar

e logo dá forte grito

pois nem se pode movimentar.

– Socorro, alguém me ajude

o barco está me arrastando

e eu não estou conseguindo

nadar e estou me afogando.

Alguém que a ouviu

Logo lhe dizia

– Feche a boca, sereia

– Logo ele se aproximaria.

Era um jovem golfinho

Que os gritos escutou

e nadando bem depressa

do lugar se aproximou.

Como é inteligente

muito rápido imaginou

aproximar-se dela

e – Agarre-se – a ela indicou.

À sua barbatana se apegou

a sereia ao golfinho

e nadando desapareceu

de lá bem rapidinho.

Os dois já estavam longe

Quando ela falou

– Pare, não há mais perigo

– E o golfinho, então, parou.

Obrigado ela lhe disse

e para o fundo ela se foi

e dele ouviu um conselho

logo, logo depois.

– Não vá perto dos portos

que há por lá muito perigo

e talvez de outra vez

não tenha a sorte hoje comigo.

AMOR

19. O CASTOR E AS CASTANHAS

Os troncos que descem o rio

admirava-os o castor

de um ele gostou mais

e dele se aproximou.

Nadando foi logo chegando

perto do tronco como previsto

algo nele o castor encontrou

que nunca havia visto.

Olhou aquilo fixamente

e não sabia o que pensar

parecia apetitoso

e decidiu experimentar.

Uma mordida o castor deu

mas algo lhe passou

seus dentes nele ficaram presos

e em pânico o castor ficou.

Correndo saiu dali

uma solução não achava

na boca aquilo estava preso

e ela não se fechava.

Saiu depressa do rio

na costa tinha parado

a pensar como aquilo acontecera

pois nunca por aquilo havia passado.

Alguém vem se aproximando

pois logo viu o castor

– Olá, amigo – diz-lhe.

E o outro logo lhe falou.

– Vejo que está comendo

– o que chegou afirmou.

Está boa a castanha?

– Curioso, perguntou.

O castor que o ouviu

e que o estava olhando

quase sem poder falar

estava a ele retrucando.

– Comendo? O que está dizendo?
isso está em mim travado
e eu não consigo retirá-lo
por mais que eu tenha tentado.

A pomba que estava olhando
aquilo que ali travou
logo foi se aproximando
e rapidamente o ajudou.

Deu-lhe uma grande bofetada
na castanha que se havia grudado
e ela salta no ar
E o castor é libertado.

– Que susto levei, amiga!
não estava conseguindo tirar
achei que ia apodrecer
ou eu poderia me engasgar.

– Mas que exagero!
– a pomba lhe dizia –
era só uma castanha
um dia disso ele riria.

– E uma castanha que é?

– ele, curioso, perguntava.

A pomba com paciência

ao castor logo explicava.

– Em umas grandes árvores

que existem neste lugar

dão algumas castanhas

como a que acaba de experimentar.

»Então, quando o tempo passa

elas no chão cairão

logo chega o inverno

dessa forma avisarão.

– Espere – diz o castor

que a interrompeu .

O que o tempo tem a ver com isso?

ele isso não entendeu.

E a pomba lhe explica

porque não havia terminado

que o inverno está chegando

quando o castanheiro foi esvaziado.

– Primeiro as castanhas caem

logo as folhas cairão

e do frio que se aproxima

assim nos avisarão.

»Todos quando vemos isso

corremos para nos proteger.

e o castanheiro nos adverte

do que temos que fazer.

O castor agradeceu

pela lição que tomou

e se pôs no rio

e a pombo voou.

AMOR

20. O AVIÃO E A ÁGUIA

Dormindo tranquilamente

uma águia se encontrava

metida em seu ninho

quando um barulho a despertava.

Ela se levanta assustada

para todos os lugares olhou

– O que provocou o barulho?

– a águia se perguntou.

Não via o que se passava

pois ninguém ela avistou

quando novamente ouviu

um estrondo e se assustou.

Para o céu está olhando

de lá o barulho vinha

viu um avião voando

e dele o barulho provinha.

Fábulas em verso

A águia que é curiosa

pôs-se logo a pensar

"Que barulho faz essa coisa!

que está por aí a voar.

Sem pensar duas vezes,

a voar começou

tratou de investigar

o que a incomodou.

Ela queria poder saber

o que causara o ruído

mas quando lá chegou

o avião havia partido.

Pensativa ali ficou

sem saber mais o que pensar

e o avião decolou

e ela decidiu retornar.

Voando voltou ao ninho

E, como eu estava cansada

deitou-se e dormiu

pensando ficar descansada.

Mas o barulho de antes
de novo soou
assim não dá para dormir
e rápido ela despertou.

Voando foi para bem longe
e muito cansada estava
parou para descansar
e em uma árvore ficou pousada.

Lá entre aqueles galhos
Bem quieta permaneceu
está fechando seus olhos
quando algo percebeu.

De novo aquele barulho
O que hoje não a deixava
dormir sequer um pouco
e ela não mais suportava.

Finalmente a noite chegou
e ela não tornou a escutar
o chato do avião
e pôde, assim, descansar.

21. DUAS MOSCAS COM CALOR

O sol que aparece queima

E elas ainda estão dormindo

uma delas o notou

a outra só foi ouvindo.

– Acorde, minha amiga

porque você vai transpirar.

A outra que ouviu isso

começou a voar.

– Aonde você vai? – foi a pergunta

porque ficou surpresa

e voando atrás dela

a uma sombra se viu presa.

Lá ambas pararam

uma à outra dizia

– Ufa!, hoje está muito quente

ninguém aguenta este dia.

Pensando está a amiga

no que podem fazer

logo diz para a outra

– Venha, vamos logo isso ver.

– Mas o quê? – ficou perguntando

a outra muito alarmada

e ela foi respondendo

e voando lhe indicava.

Ficaram assim um bom tempo.

até que uma parou

– Olhe, aqui está bom

– A outra lhe mostrou.

O rio estava perto.

Ali fresquinho fazia

era aquele um bom lugar

para passar o dia.

Lá ambas permaneceram

porque não fazia calor

voaram e até brincaram

e estavam de bom humor.

Assim passaram o dia

e quando o sol se pôs

– Vamos para nossa casa

– uma à outra propôs.

E as duas voando juntas

do rio se afastaram

depois de passar o dia

fresco que desfrutaram.

AMOR

22. A LAGARTA BRINCALHONA

Em filinha todas elas

saíam para passear

as lagartas muito formais

sempre vão se comportar.

Pelo campo ou pela estrada

sempre estavam a passar

não se sabe o seu destino

mas em silêncio vão estar.

Um dia pela amanhã

una lagartinha nascia

– Ponha-se em fila como todas

– sua mãezinha dizia.

Então, ela começou

A andar muito lentamente

mas logo se cansou

e começou a saltar alegremente.

As outras que a viram

também assim faziam

isso era mais divertido

e assim passavam o dia.

Ocorreu-lhe outra feita

dar uma cambalhota

e outra que a imitou

rindo ficou da chacota.

E assim todos os dias

a lagartinha inventava

algo para se distrair

pois de andar se cansava.

Às vezes, dava umas voltas

em outros dias escalava

a uma pedra subia

a um tronco rodeava.

A ordem é se divertir

ela nunca se entediava

e as outras sempre quando a viam

logo a imitavam.

Por isso naquele campo

onde elas todas viviam

não se veem as lagartas

como as outras faziam.

Em fila nunca vão

isso assim é muito chato

correm, saltam, dão giros

isso é divertido, de fato.

AMOR

23. SENHOR ELEFANTE GRUNHIDOR

Sentando-se junto a uma sombra

um gatinho se encontrava

lá fora fazia calor

disso ele não gostava.

Pôs-se logo a dormir.

nem um minuto tinha passado

quando alguém por ali

grunhiu e o tinha acordado.

Abriu um olhinho

e logo vislumbrou

quem tinha grunhido

e então lhe perguntou.

– Senhor Elefante, o que acontece?

Por que está grunhindo?

Não percebeu por acaso

Que eu estou aqui dormindo?

O elefante olha para ele

e rapidamente perguntou

– Quem disse que eu estava grunhindo?

Quem assim falando ousou?

O pequeno se levanta

E imediatamente respondeu

– Eu ouvi você grunhir

quem disse isso fui eu.

O elefante irritado

ao gatinho respondeu

Vá para outro lugar .

essa sombra quem quer sou eu.

– Não! – diz-lhe o gatinho. –

Aqui cheguei eu primeiro

E se quiser a minha sombra

eu serei seu companheiro.

Espantado o elefante

para o gatinho olhou

e com a tromba apontada

ao pequeno adiantou.

– Não se atreva – ele diz.

Não quero me irritar.

e lhe mostra as unhas

afiadas e prontas a atacar.

O elefante olha para elas

e resignado só diria:

– Dividiremos a sombra

– e isso assim se acertaria.

AMOR

www.ingramcontent.com/pod-product-compliance
Lightning Source LLC
LaVergne TN
LVHW011304210726
843509LV00016B/773